AF186865

Impressum
Verlag: BABADADA GmbH, Nedderfeld 112 , 22529 Hamburg
Geschäftsführer / Verlagsleitung: Harald Hof
Druck: Books on Demand GmbH, In de Tarpen 42, 22848 Norderstedt

Imprint
Publisher: BABADADA GmbH, Nedderfeld 112 , 22529 Hamburg, Germany
Managing Director / Publishing direction: Harald Hof
Print: Books on Demand GmbH, In de Tarpen 42, 22848 Norderstedt, Germany

shkolla
baba

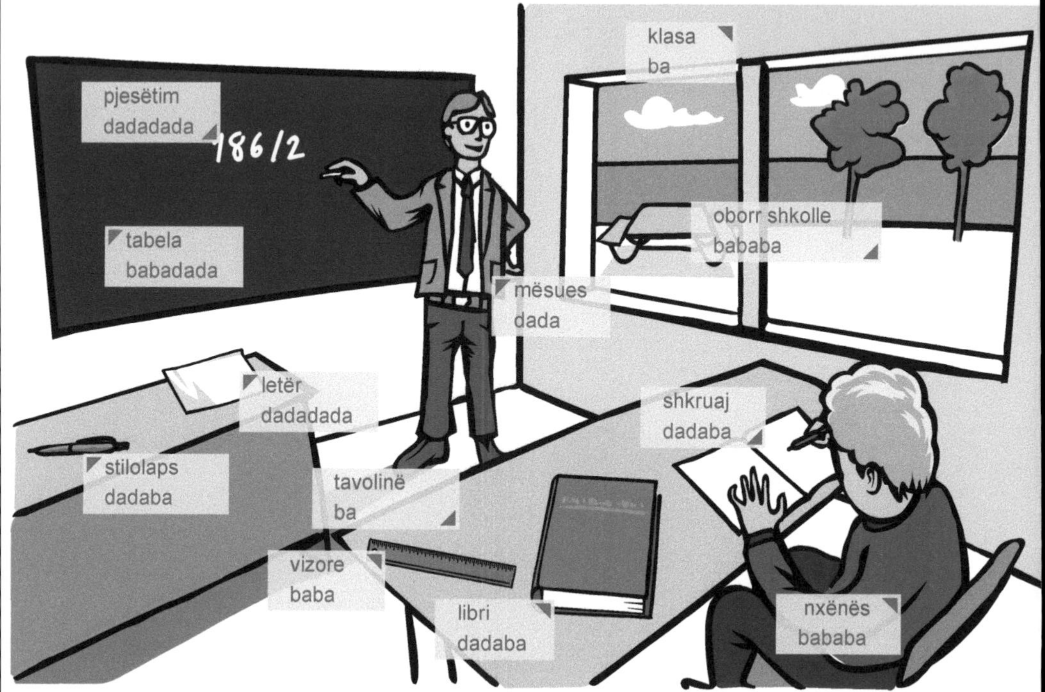
klasa
ba
pjesëtim
dadadada
186/2
tabela
babadada
oborr shkolle
bababa
mësues
dada
letër
dadadada
shkruaj
dadaba
stilolaps
dadaba
tavolinë
ba
vizore
baba
libri
dadaba
nxënës
bababa

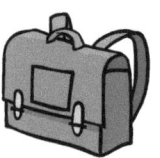

çantë

dadaba

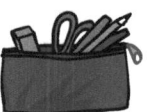

mbajtëse lapsash

dada

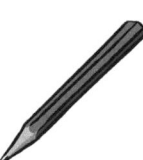

laps

bababa

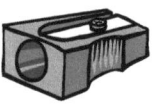

mprehës lapsash

dadaba

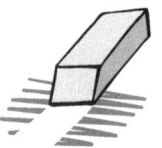

gomë

baba

fletore vizatimi

ba

vizatim
......
bababa

penel
......
ba

kuti bojërash
......
dada

gërshërë
......
babadada

ngjitës
......
dadaba

fletore detyrash
......
dadadada

detyrë shtëpie
......
babadada

12

numër
......
bababa

2+2

mbledh
......
dadaba

5-2

zbres
......
bababa

2×2

shumëzoj
......
badada

llogaris
......
dadababa

A

gërmë
......
babababa

ABCDEFG
HIJKLMN
OPQRSTU
VWXYZ

alfabeti
......
babababa

fjalë
......
dada

tekst

babadada

lexoj

dadadada

shkumës

dada

mësim

babababa

regjistër

ba

provim

baba

çertifikatë

babababa

uniformë shkolle

babadada

arsimim

babababa

enciklopedia

dadababa

universitet

babababa

mikroskop

dadababa

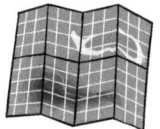

hartë

bababa

kosh letrash

babadada

udhëtim
baba

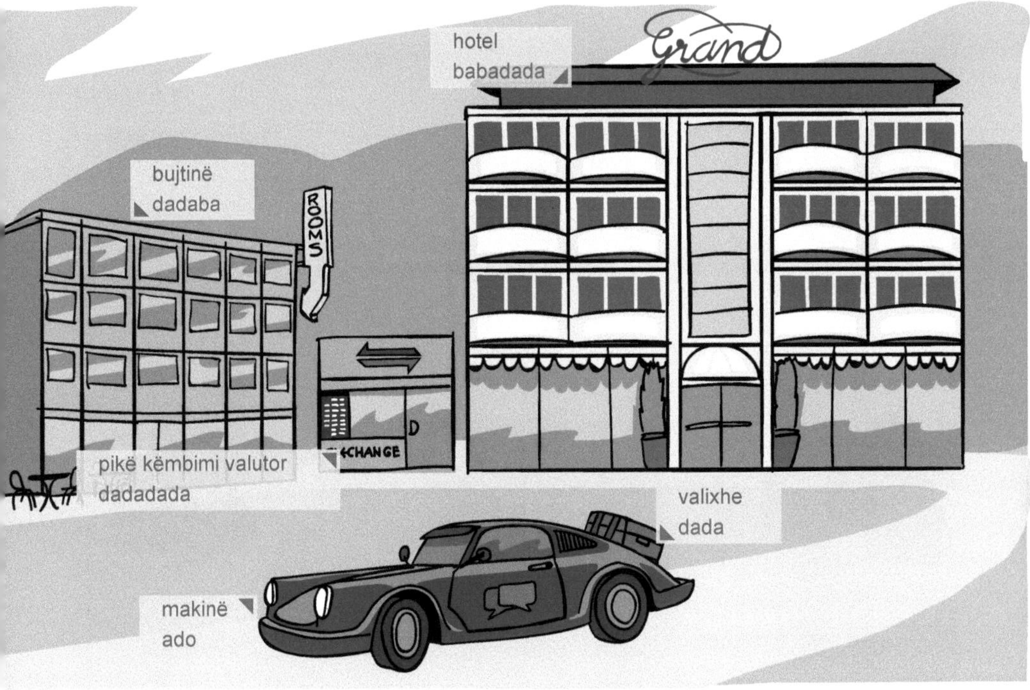

hotel
babadada
Grand
bujtinë
dadaba
ROOMS
pikë këmbimi valutor
dadadada
EXCHANGE
valixhe
dada
makinë
ado

gjuhë
dadadada

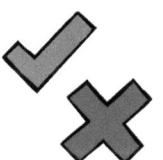

po / jo
da / meh

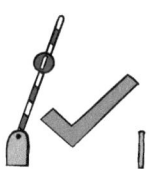

Në rregull
Oh

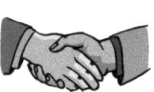

ç'kemi
ba

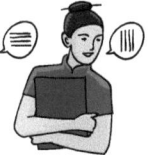

përkthyes
dada

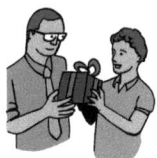

Faleminderit
dada

sa kushton...?

babababa

nuk e kuptoj

ah

problem

dadaba

Mirëmbrëma!

ba dada

Mirëmëngjes!

babadada

Natën e mirë!

heia!

mirupafshim

dadaba

drejtim

badada

bagazhet

dada

çantë

babababa

çantë shpine

babababa

mysafir

baba

dhomë

dadadada

thes gjumi

dadadada

tendë

dada

informacion për turistët
dadadada

plazh
badada

kartë krediti
babadada

mëngjes
dadababa

drekë
baba

darkë
bababa

Biletë
dada

ashensor
dada

pulla
babadada

kufi
badada

doganë
dadaba

ambasadë
babadada

vizë
dadaba

pasaportë
dada da da da

transport
dadadada

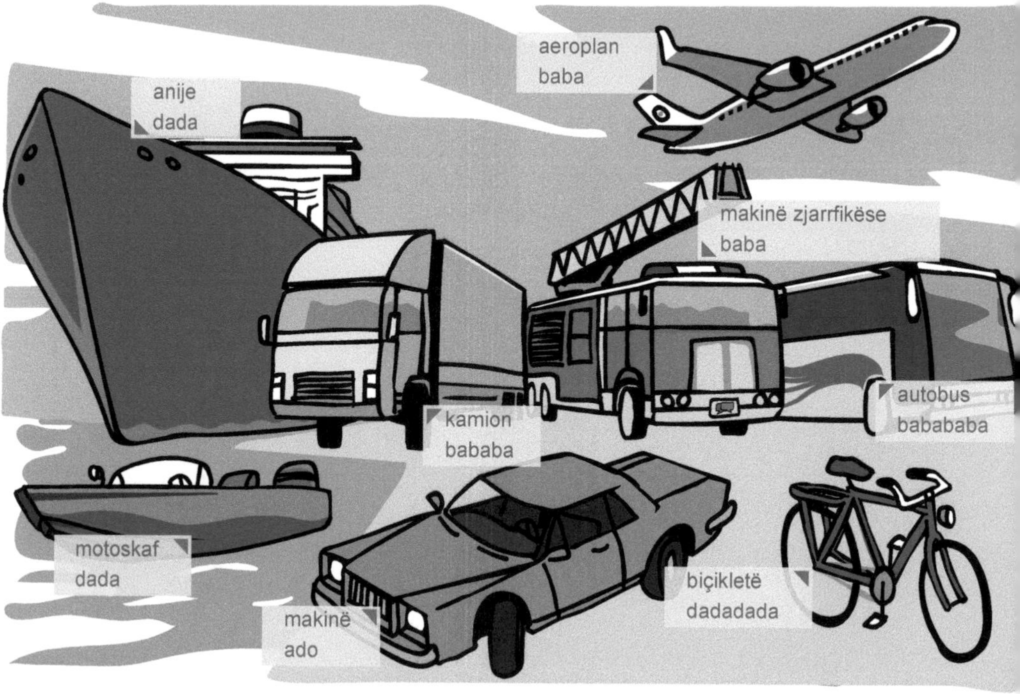

aeroplan
baba
anije
dada
makinë zjarrfikëse
baba
kamion
bababa
autobus
babababa
motoskaf
dada
makinë
ado
biçikletë
dadadada

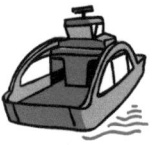

traget
babadada

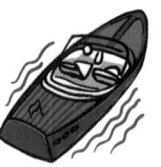

varkë
baba

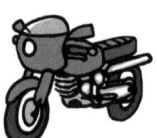

motoçikletë
bababa

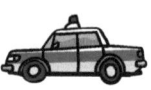

makinë policie
ado

makinë garash
ado

makinë me qira
auto

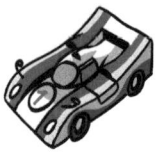

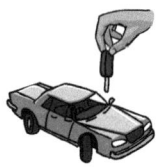

ndarje e qirasë së makinës
dada

karroatrec
ado

makinë plehrash
ado

motor
brumbrum!

benzinë
bababa

pikë karburanti
dada

sinjalistikë trafiku
dadaba

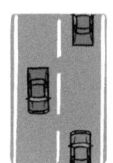

trafik
badada

bllokim trafiku
ado ado

parkim makinash
babadada

stacion treni
babababa

trase
dada

tren
dadaba

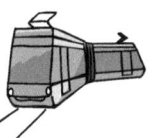

tramvaj
baba

karro
dadaba

helikopter

baba

aeroport

baba

kullë

dadaba

pasagjer

baba

kontenier

badada

kuti kartoni

dada

qerre

baba

shportë

dadadada

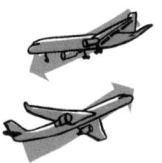

ngrihem / ulem

da / bada

qytet

dadaba

fshat

bababa

qendra e qytetit

dadababa

shtëpi

dadaba

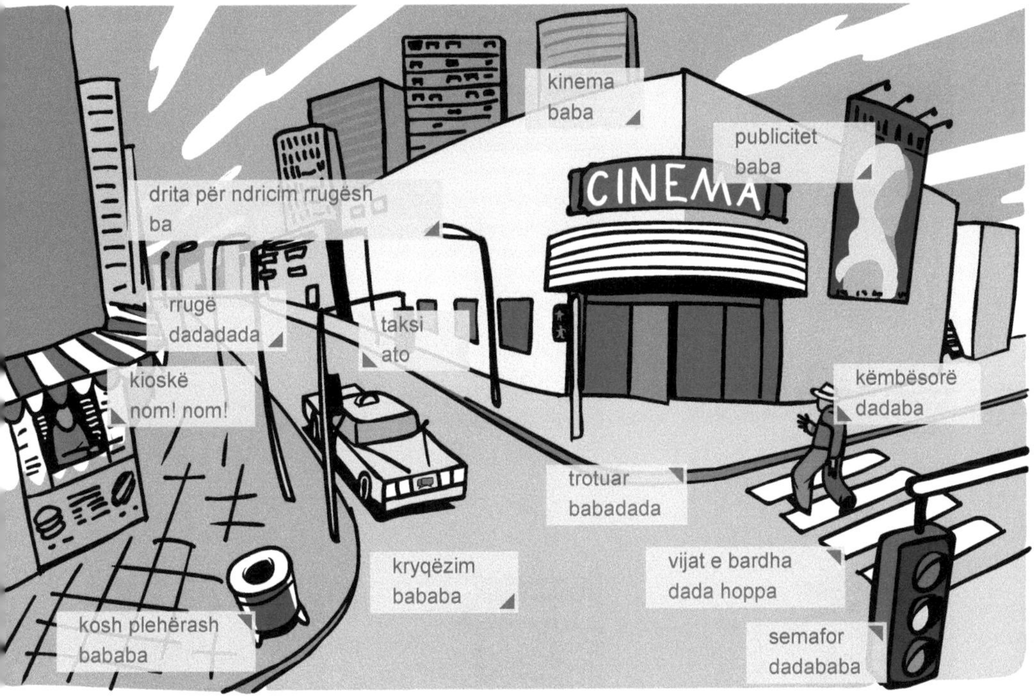

kinema
baba

publicitet
baba

drita për ndricim rrugësh
ba

rrugë
dadadada

taksi
ato

kioskë
nom! nom!

këmbësorë
dadaba

trotuar
babadada

kryqëzim
bababa

vijat e bardha
dada hoppa

kosh plehërash
bababa

semafor
dadababa

kasolle
babadada

apartament
dadadada

stacion treni
babababa

bashki
dadaba

muze
bababa

shkolla
baba

universitet

babababa

bankë

dadadada

spital

aua!

hotel

babadada

farmaci

aua!

zyrë

baba

librari

bababa

dyqan

ba

dyqan lulesh

dadaba

supermarket

dada nom nom

market

dadadada

mapo

dadadada

dyqan peshku

nom! nom!

qëndër tregtare

baba

port

ba

qytet - dadaba

park
....
dadadada

stol
....
baba

urë
....
babababa

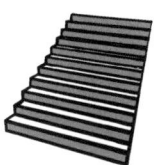

shkallë
....
dadadada

metro
....
bababa

tunel
....
baba

stacion autobuzi
....
ba

bar
....
babababa

restorant
....
nom nom!

kuti postare
....
dadaba

sinjalistikë rrugore
....
dada

kohëmatës parkimi
....
baba

kopsht zoologjik
....
bababa

pishinë
....
dada

xhami
....
baba

fermë	ndotje	varrezë
dadaba	dadababa	bababa

kishë	shesh lojërash	tempull
ba	dadababa	bababa

peisazh
dada

gjethe
baba

tabela orientuese
baba

rrugë
dada

livadh
bababa

gurë
baba

ekskursionist
dada

pemë
dadababa

lumë
bababa

bar
dada

lule
mama!

luginë

badada

kodër

bababa

liqen

dadadada

pyll

dadadada

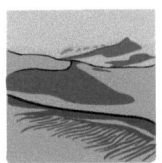

shkretëtirë

dadababa

vullkan

dadaba

kështjellë

babababa

ylber

dadaba

kepudhë

bababa

palmë

dadababa

mushkonjë

aua!

mizë

badada

milingonë

dadababa

bletë

summ summ

merimangë

dada

peisazh - dada

brumbull
dadaba

bretkosë
quak

ketër
dadababa

iriq
dadaba

lepur
baba

buf
gackgack

zog
gackgack

mjellmë
gackgack

derr i egër
babadada

dre
dadadada

dre brilopatë
dadadada

digë
dadadada

turbinë ere
ba

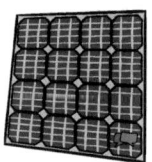

panel diellor
dadadada

klimë
bababa

kamarier
dadadada

menu
baba

karrige
dadaba

pica
nom nom!

supë
nom! nom!

mbulesë tavoline
babababa

set ngrënieje
ba

pjatë e parë
nom! nom!

pjatë kryesore
nom! nom!

ëmbëlsirë
nom nom!

pije
dadababa

ushqim
nom nom!

shishe
nom nom!

ushqim i shpejtë

nom! nom!

ushqim i shërbyer në rrugë

nom! nom!

ibrik çaji

babababa

kuti sheqeri

nom! nom!

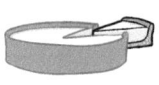

racion

nom nom!

makinë kafeje ekspres

dadaba

karrige e lartë

bababa

faturë

ba

tabaka

bababa

thika

ba

pirun

babadada

lugë

dadaba

lugë çaji

bababa

pecetë

dadaba

gotë

ba

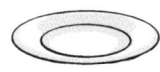

pjatë

nom nom!

pjatë supe

bababa

pjatë filxhani

bababa

salcë

nom! nom!

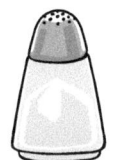

mbajtëse kripe

dadadada

mulli piperi

dadaba

uthull

bähbäh

vaj

dadababa

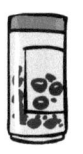

erëza

dadababa

keçap

nom! nom!

mustardë

nom! nom!

majonezë

nom nom!

supermarket

dada nom nom

ofertë speciale
dadababa
FOR
klient
dadaba
produkte bulmeti
dadaba
frut
nom nom!
karrocë pazari
baba

BUTCHERS

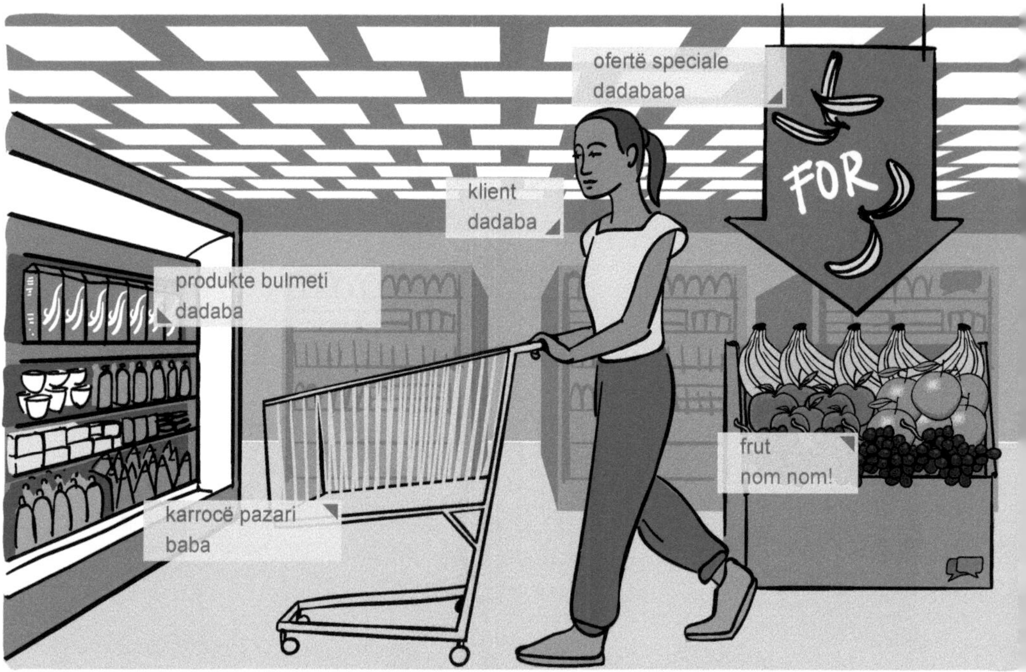

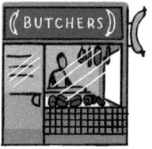

dyqan mishi

dadaba

BAKERY

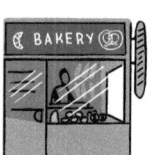

furrë buke

nom! nom!

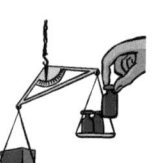

peshoj

bababa

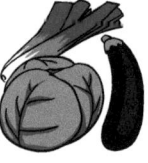

perime

bähbäh

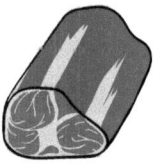

mish

nom nom!

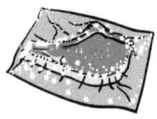

ushqim i ngrirë

nomnom

copë

nom nom!

ushqim i konservuar

nomnom

pluhur larës

bababa

ëmbëlsirat

baba

prodhime shtëpie

dadaba

produkte pastrimi

dadababa

shitëse

bababa

kasë fiskale

bababa

arkëtar

dadaba

listë blerjeje

dada

oraret e punës

dadababa

portofol

baba

kartë krediti

babadada

çantë

dadababa

qese plastike

dadababa

ujë

wasa

lëng frutash

dadadada

qumësht

badada

koka-kola

ba

verë

bababa

birrë

dadadada

alkool

dadaba

kakao

bababa

çaj

dadababa

kafe

dada

kafe ekspres

dadaba

kapuçino

dadababa

banane

nane

mollë

nom nom!

portokalle

bababa

pjepër

nom nom!

limon

nom nom!

karrotë

bähbäh

hudhër

bada meh

bambu

dadaba

qepë

dadaba

kërpudha

nom nom!

arra

nom nom!

makarona

nom nom!

spageti

nom nom!

oriz

nom nom!

sallatë

nom nom!

patate të skuqura

nom nom!

patate të skuqura

nom nom!

pica

nom nom!

hamburger

nom nom!

sanduiç

nom nom!

shnicel

nom nom!

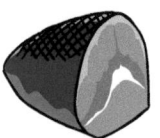

proshutë

nom nom!

sallam

nom nom!

salçiçe

nom nom!

pulë

gack gack

skuq

nom nom!

peshk

nom nom!

tërshërë
....
nom nom!

drithëra
....
bähbäh

kornfleiks
....
nom nom!

miell
....
nom nom!

kruasant
....
nom nom!

panine
....
babadada

bukë
....
nom! nom!

tost
....
nom nom!

biskotë
....
nom nom!

gjalp
....
nom nom!

gjizë
....
nom nom!

tortë
....
nom nom

vezë
....
dadaba

vezë sy
....
nom nom!

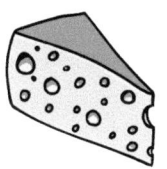

djathë
....
bada muh

akullore

nom nom!

sheqer

nom nom!

mjaltë

baba summ

marmaladë

nom nom!

çokokrem

nom nom!

këri

babadada

ushqim - nom nom!

fermë
dadaba

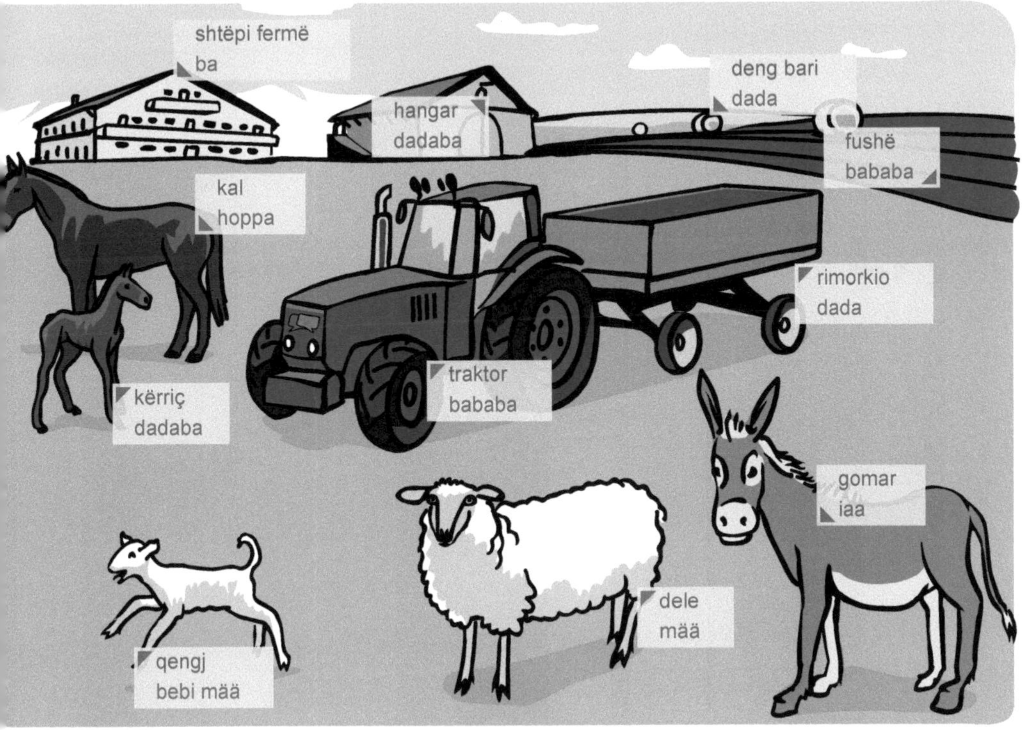

shtëpi fermë
ba
hangar
dadaba
deng bari
dada
fushë
bababa
kal
hoppa
rimorkio
dada
kërriç
dadaba
traktor
bababa
gomar
iaa
dele
mää
qengj
bebi mää

dhi

baba

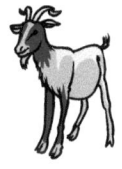

lopë

muh

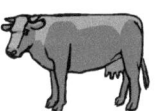

viç

mimuh

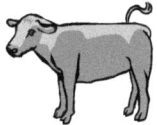

derr

mama oink

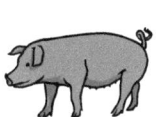

derrkuc

oink

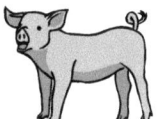

dem

dadadada

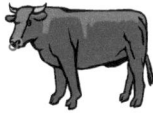

patë

gackgack

rosë

gackquack

zog pule

gacki

pulë

gackgack

gjel

gacko

mi

dada

mace

mau

mi

bababa

buall

muh

qen

wauwau

kolibe qeni

wauwau

zorrë vaditëse

baba

vaditëse

dadababa

kosë

baba

plug

dadababa

drapër
baba

shat
dadadada

kosa
dada

sëpatë
bababa

karrocë
babababa

govatë
baba

bidon qumështi
dada muh

thes
dadababa

gardh
badada

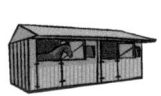

ahur
dadadada

serë
ba

dhe
babadada

farë
baba

pleh
baba

autokombanjë
dadababa

korr

bababa

te korrat

dadadada

patate e ëmbël "Yam"

dadaba

grurë

dadababa

soja

dadababa

patate

bababa

misër

badada

raps

bababa

pemë frutore

bababa

zhardhok manioku

dadadada

drithëra

dadababa

shtëpi
dadaba

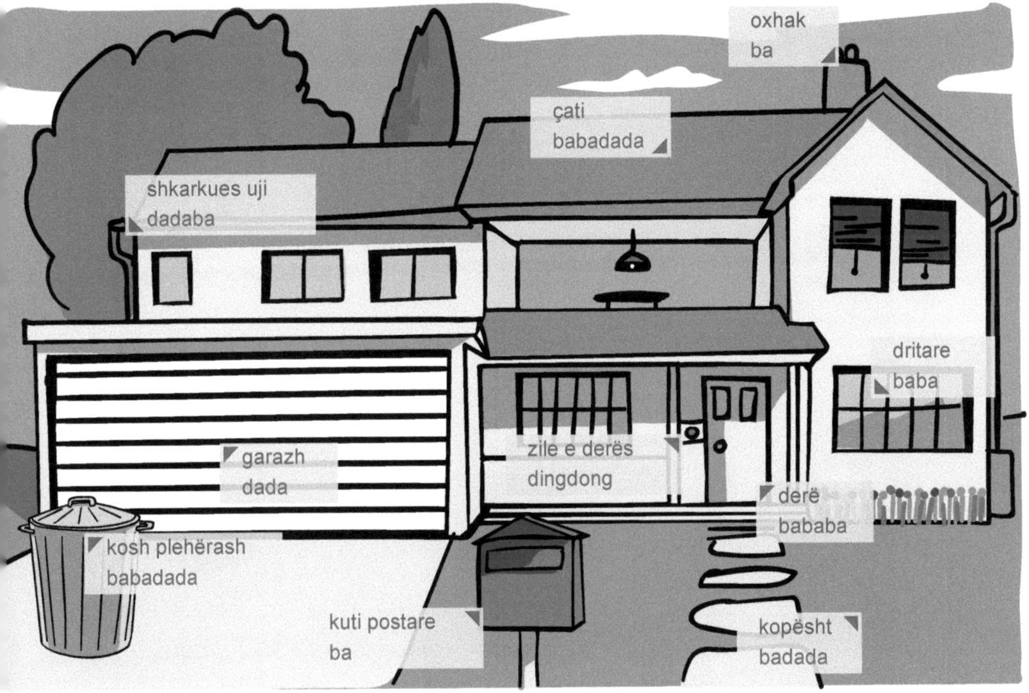

oxhak
ba
çati
babadada
shkarkues uji
dadaba
dritare
baba
garazh
dada
zile e derës
dingdong
derë
bababa
kosh plehërash
babadada
kuti postare
ba
kopësht
badada

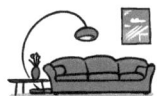

dhomë ndenjeje

dadadada

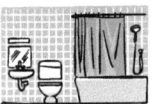

tualet

bababa

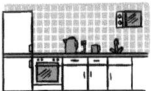

kuzhinë

bababa

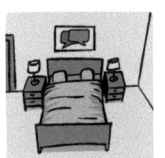

dhomë gjumi

dadababa

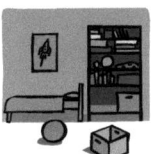

dhomë fëmijësh

meina

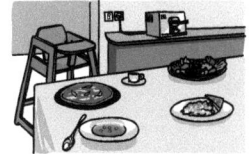

dhomë ngrënieje

dadaba

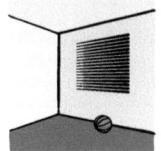

dysheme
badada

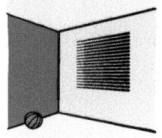

mur
dadababa

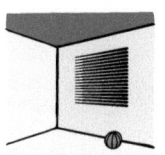

tavan
bababa

bodrum
dada

sauna
dadababa

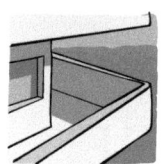

ballkon
babababa

tarracë
dadadada

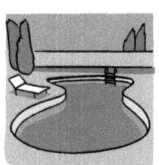

pishinë
bababa

kositëse bari
baba

çarçaf
dadaba

kuvertë
babadada

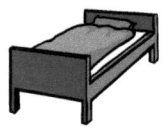

krevat
heia!

fshesë dore
dada

kovë
dadaba

çelës
dadababa

tapiceri
dadadada

fotografi
badada

llambë
badada

raft
dadadada

dollap
ba

vatër
dadababa

pajisje televizive
dada gucki

lule
mama!

jastëk
baba

divan
dada

vazo
dadaba

telekomandë
baba

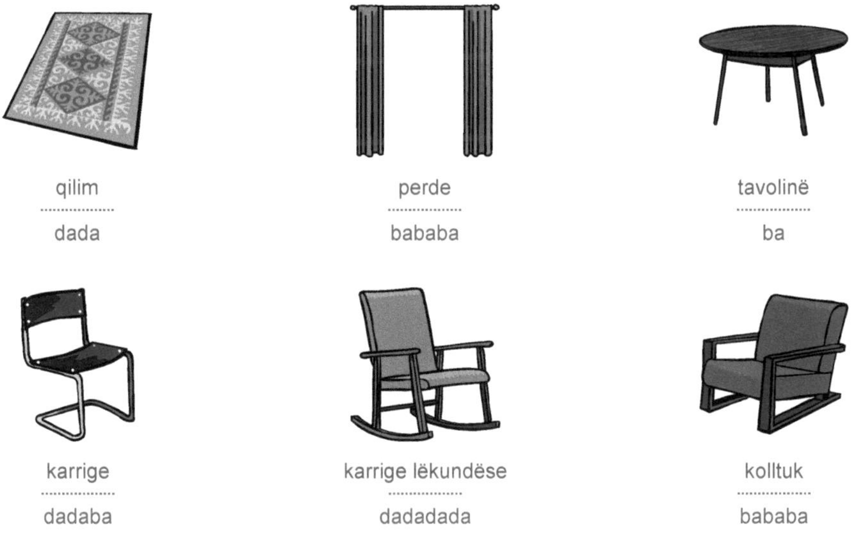

qilim
dada

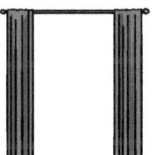

perde
bababa

tavolinë
ba

karrige
dadaba

karrige lëkundëse
dadadada

kolltuk
bababa

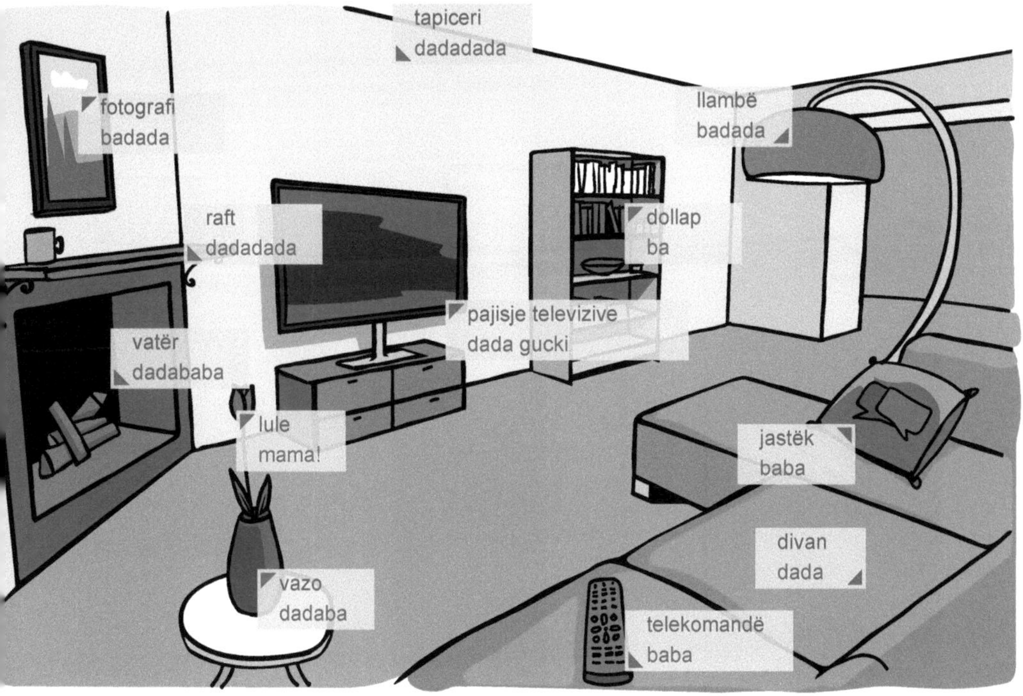

libri

dadaba

batanije

dadadada

zbukurime

dadaba

dru zjarri

ba

film

dadadada

stereo

lala

çelës

babadada

gazetë

dadadada

pikturë

dadadada

afishe

bababa

radio

lala

bllok shënimesh

dadababa

fshesë me korent

babadada

kaktus

aua!

qiri

babadada

kuzhinë
bababa

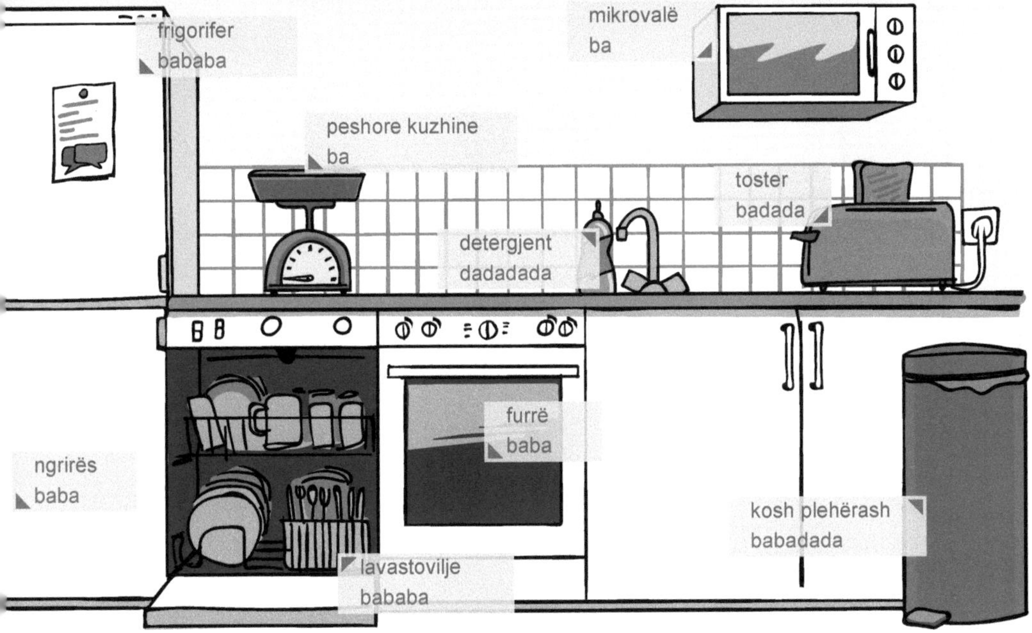

frigorifer
bababa
mikrovalë
ba
peshore kuzhine
ba
toster
badada
detergjent
dadadada
furrë
baba
ngrirës
baba
kosh plehërash
babadada
lavastovilje
bababa

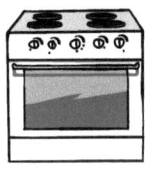

sobë

dada

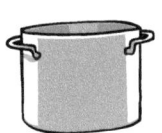

tenxhere

dada

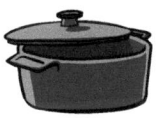

tenxhere me kapak

dada

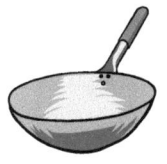

tigan special (Wok)

baba / dada

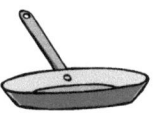

tigan

badada

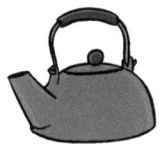

çajnik

ba

tenxhere me avull

dadababa

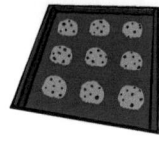

tavë pjekjeje

bababa

enë

dadaba

filxhan

dadadada

tas

dadaba

shkopinj

baba

garuzhde

dadaba

spatul

dadadada

tel kuzhine

badada

kulluese

dada

sitë

bababa

rende

baba

havan

dadababa

skarë

dada

zjarr

aua!

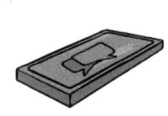

dërrasë për prerje

dadababa

okllai

babababa

heqëse tapash

dadababa

kanaçe

dadadada

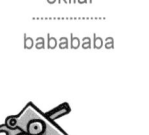

hapëse kanaçeje

bababa

rrobë për të kapur tenxheren

dadababa

lavaman

dadadada

furçë

dadababa

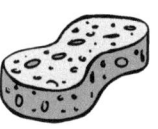

sfungjer

ba

përzjerës

aua!

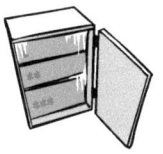

ngrirës

babadada

biberon për lëngje

bababa

rubinet

dadadada

tualet
bababa

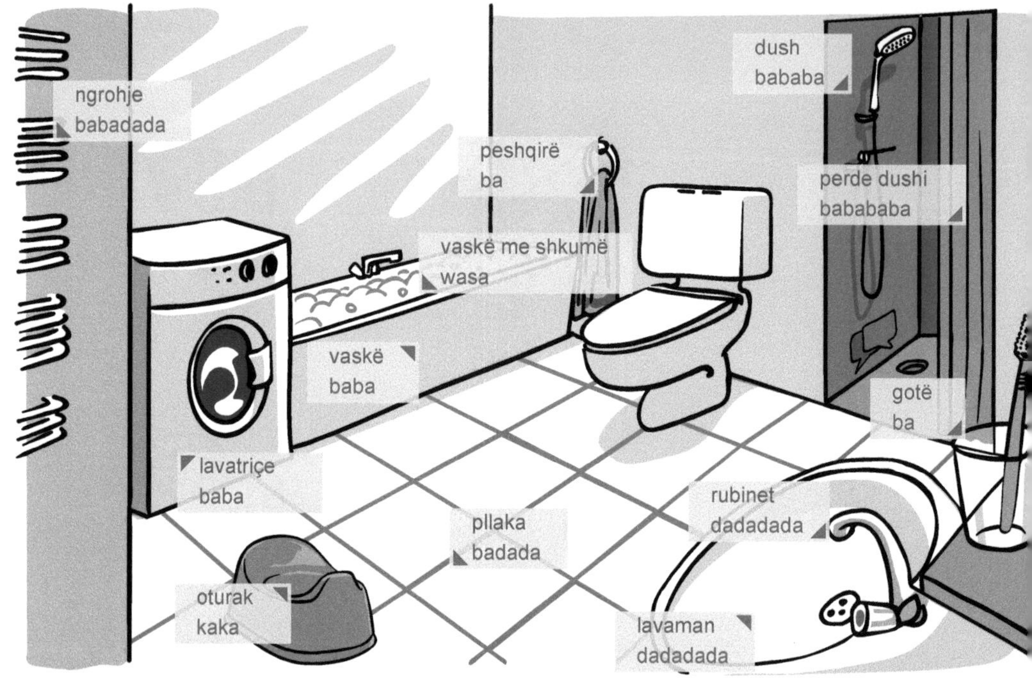
dush
bababa
ngrohje
babadada
peshqirë
ba
perde dushi
babababa
vaskë me shkumë
wasa
vaskë
baba
gotë
ba
lavatriçe
baba
rubinet
dadadada
pllaka
badada
oturak
kaka
lavaman
dadadada

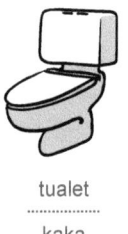

tualet

kaka

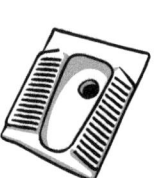

WC e sheshtë

ba

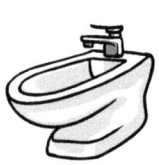

bide

dadababa

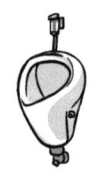

tualet publik

dadababa

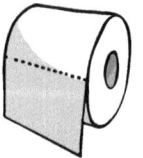

letër higjienike

kaka

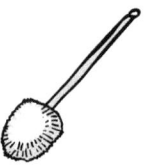

furçe për WC

bababa

furçë dhëmbësh

bababa

pastë dhëmbësh

nom! nom!

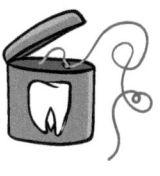

fije dentare

dadadada

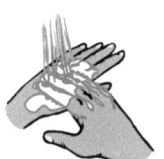

laj

bababa

dorezë dushi

babababa

larës për zonën intime

dadadada

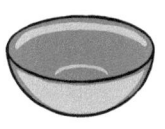

legen

badada

furçë për masazh shpine

dadadada

sapun

nom! nom!

shampo trupi

nom! nom!

shampo

nom! nom!

leckë pastruese

babadada

kullues

dadaba

krem

nom! nom!

antidjersë

bababababa

pasqyrë

dadadada

pasqyrë dore

dadadada

brisk rroje

ba

shkumë rroje

nom! nom!

locion pas rrojes

nam! nam!

krehër

dadababa

furçë

baba

tharëse flokësh

dadadada

llak për flokët

badada

grim

dadaba

buzëkuq

mama!

manikyr

ba

mbushje pambuku

bababa

gërshërë për thonj

dadadada

parfum

bababa

çantë për sendet personale

dadadada

Stol

bababa

peshore

dadadada

robëdëshambër

ba

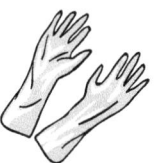

dorashka gome

babababa

tampon

ba

peceta higjienike

bababa

tualet I lëvizshëm

baba

dhomë fëmijësh
meina

orë me zile
bababa
lodra me pellushë
bababa
makinë lodër
auto
rraketake
dadadada
shtëpi kukullash
bababa
dhuratë
babababa

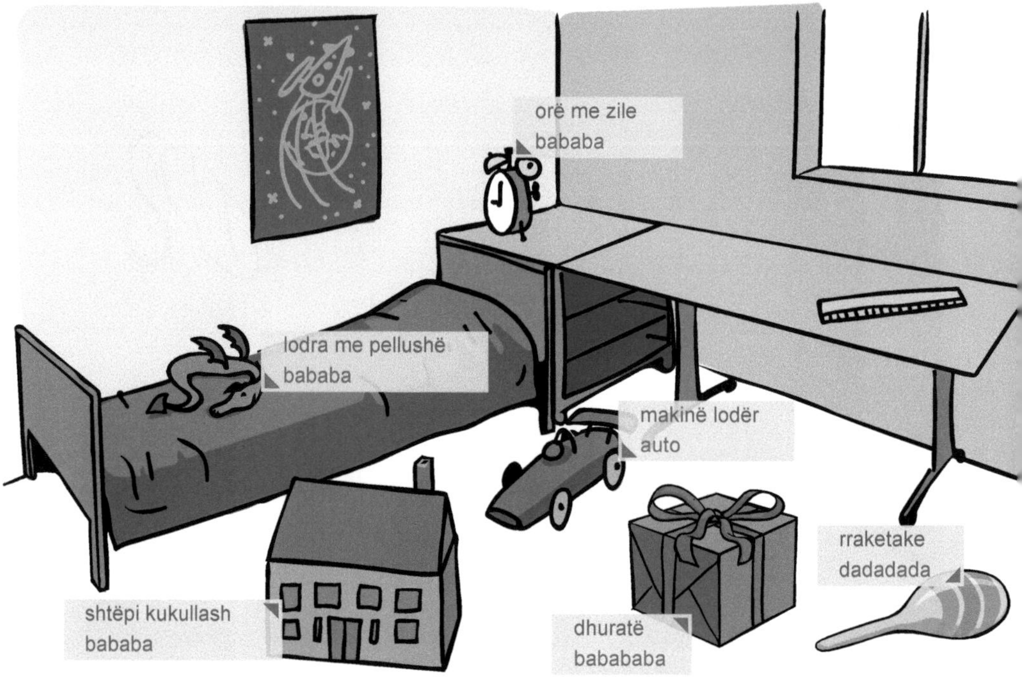

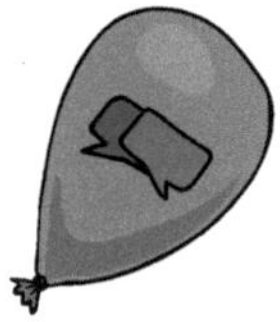

tollumbace
dadadada

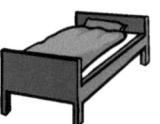

krevat
heia!

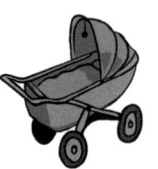

karrocë fëmijësh
dadaba

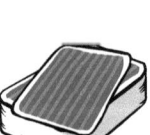

lojë me letra
dadababa

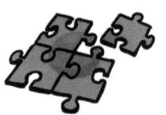

bashkim pjesësh me figura
bababa

SUPER
MEGA

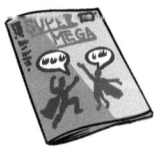

komik
dadababa

formuese lodër

badada

kuba plastikë

badada

lodra

dada

badi

dadadada

frizbi

dadaba

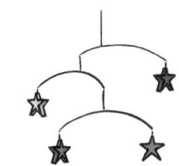

lodra të varura tek krevati i fëmijëve

dadaba

tavolinë lojërash

ba

zare

baba

model treni

dadababa

biberon

lula

festë

baba

libër me ilustrime

dadaba

top

dada

kukull

dada

luaj

badada

dhomë fëmijësh - meina

grumbull rëre
dadaba

kolovarëse
babababa

lodra
dadababa

leva për lojra video
dadaba

triçikël
babadada

arush prej pellushi
dadababa

garderobë
dadaba

veshje
baba

çorape
dadadada

çorape të gjata
ba

geta
dada

shall
bababa

çadër
bababa

bluzë pa jakë
badada

rrip
dadababa

çizme
baba

pantofla
baba

atlete
ba

sandale
bababa

këpucë
badada

çizme llastiku
dada

të mbathura
ba

reçipeta
baba

kanotierë
dadadada

trup

badada

pantallona

ba

xhinse

bababa

fund

dada

bluzë

bababa

këmishë

dadadada

pulovër

baba

triko

baba

xhaketë

babadada

xhaketë

baba

pallto

bababa

mushama shiu

dadababa

kostum

bababa

fustan

ba

fustan nusërie

dadaba

kostum

dadadada

këmishë nate

bababab

pizhama

heia

sari (veshje tradicionale indiane)

baba

shami koke

dadadada

çallmë

dada

veshje për femrat e besimit musliman

dada

kaftan (lloj veshjeje tradicionale)

baba

ferexhe

dadadada

kostum banje

wasa

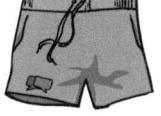

rroba banje

bababa

pantallona të shkurtra

dadababa

tuta sporti

bababab

përparëse

baba

dorashka

bababab

kopsë
dadaba

syze
babadada

byzylyk
dada

gjerdan
dadababa

unazë
bababa

vath
dadababa

kapuç
dada

varëse për pallto
babadada

kapele
dadababa

kravatë
bababa

zinxhir
badada

helmetë
dadaba

tiranda
dada

uniformë shkolle
babadada

uniformë
babababa

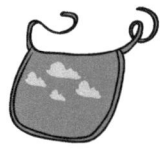

gushore

namnam

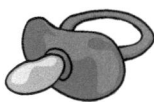

biberon

lula

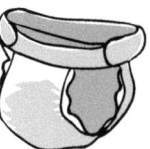

pelenë

kaka!

zyrë
baba

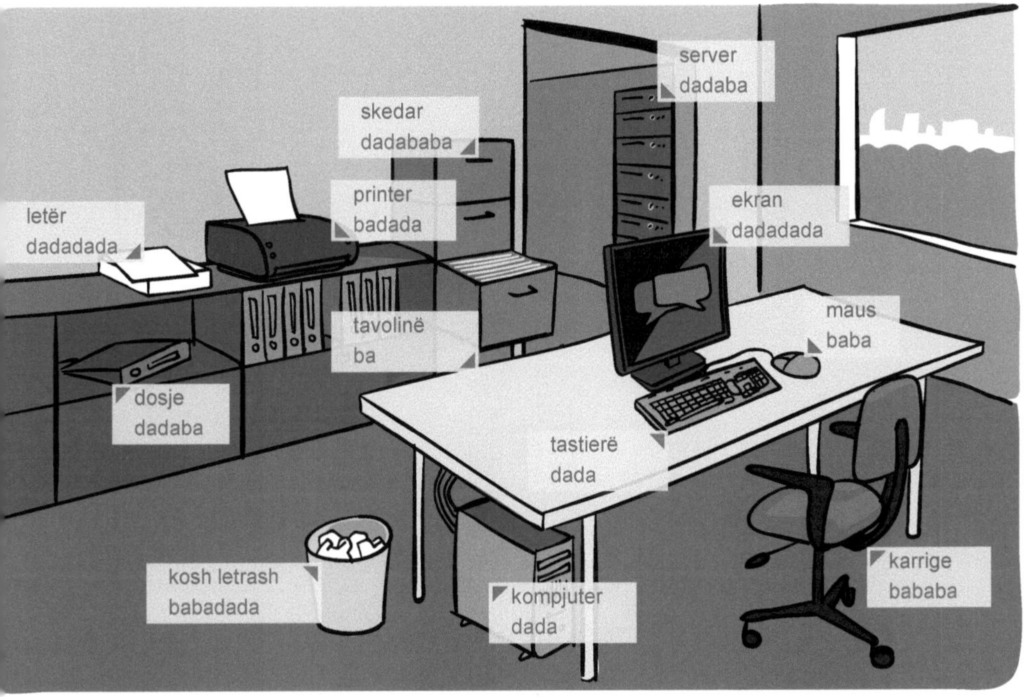
server
dadaba
skedar
dadababa
printer
badada
letër
dadadada
ekran
dadadada
tavolinë
ba
maus
baba
dosje
dadaba
tastierë
dada
karrige
bababa
kosh letrash
babadada
kompjuter
dada

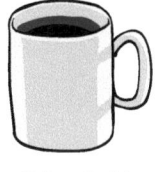

filxhan kafeje

dada

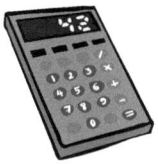

makinë llogaritëse

bababa

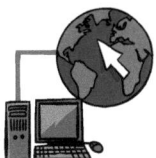

internet

da da

kompjuter portativ

papa!

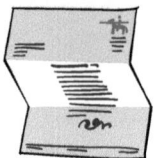

letër

dadababa

mesazh

ba

telefon

fon

rrjet

bababa

fotokopje

ba

program

bababa

telefon

dada bing

prizë

aua!

pajisje faksi

bababa

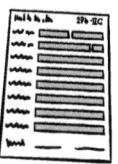

formular

dadaba

dokument

bababa

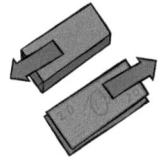

blej
....
baba

paguaj
....
dadadada

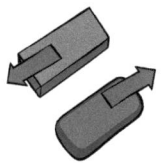

tregtoj
....
dadaba

para
....
badada

dollar
....
babadada

euro
....
dadaba

jen
....
bababa

rubla
....
ba

franga zvicerane
....
dada

juani kinez
....
dada

rupje
....
ba

bankomat
....
ba

pikë këmbimi valutor

dadadada

ar

dadadada

argjend

baba

nafta

dadadada

energji

ba

çmim

dadadada

kontratë

baba

taksë

bababa

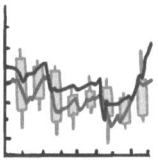

aksione

dadadada

punoj

dadaba

punonjës

dadadada

punëdhënës

dadababa

fabrikë

dadaba

dyqan

ba

profesionet
ba

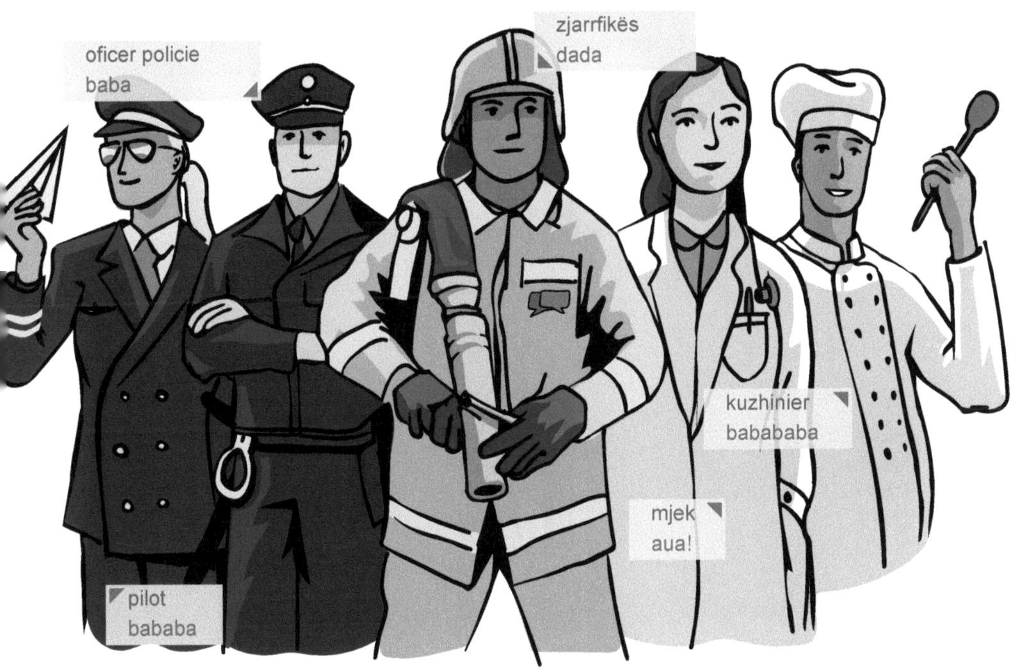
oficer policie
baba
zjarrfikës
dada
kuzhinier
babababa
mjek
aua!
pilot
bababa

kopshtar

bababa

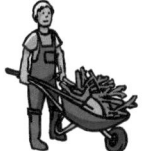

marangoz

bababa

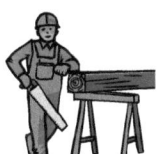

rrobaqepëse

baba

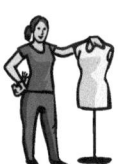

gjykatës

bababa

kimist

dadaba

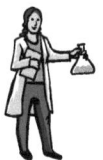

aktor

dadababa

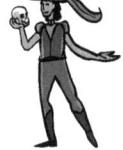

shofer autobuzi

ba

taksist

auto mann

peshkatar

bababa

pastruese

dadadada

riparues çatish

dadadada

kamarier

dadadada

gjuetar

badada

piktor

dadadada

furrxhi

dadababa

elektriçist

papa!

ndërtues

babababa

inxhinier

bababa

kasap

dadababa

hidraulik

dadadada

postieri

bababa

ushtar

dadadada

arkitekt

ba

arkëtar

dadaba

luleshitës

bababa

berber

babadada

kontrollor

bababa

mekanik

dadaba

kapiten

dada

dentist

badada

shkencëtar

ba

rabin

bababa

imam

dadaba

murg

dada

klerik

dadadada

mjete
dada

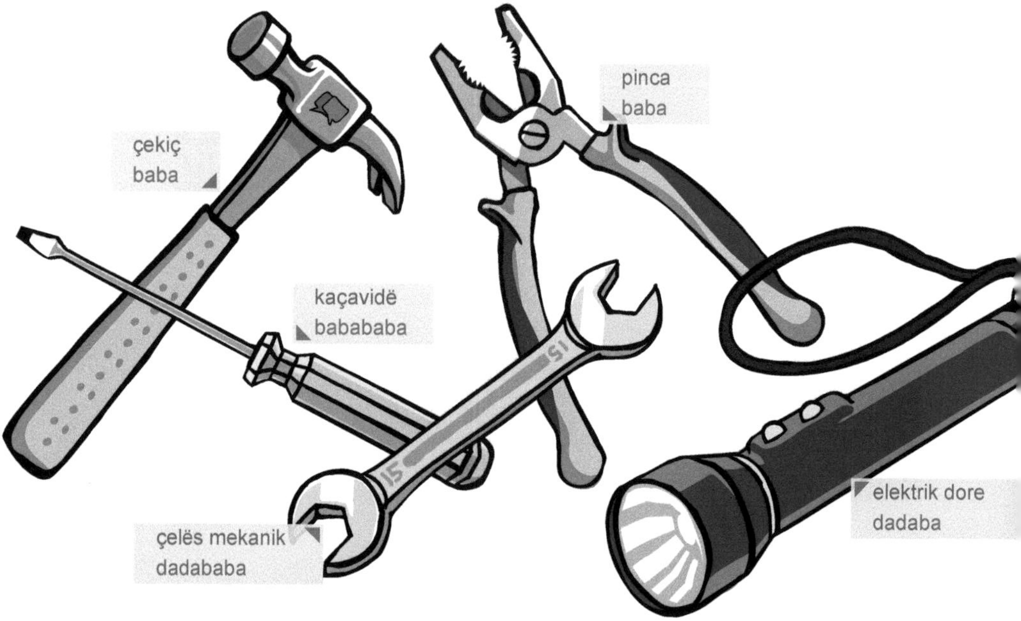
çekiç
baba
pinca
baba
kaçavidë
babababa
çelës mekanik
dadababa
elektrik dore
dadaba

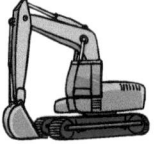

ekskavator
dadaba

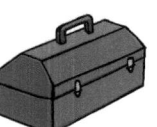

kuti veglash
baba

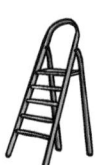

shkallë
babababa

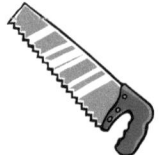

sharrë
dadaba

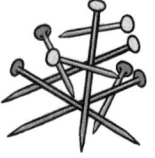

gozhdë
babadada

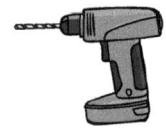

trapan
dada

riparoj
dadababa

lopatë
dada

Dreq!
aua!

kaci
dada

kuti boje
dadaba

vidhë
babababa

instrumenta muzikorë
bababa

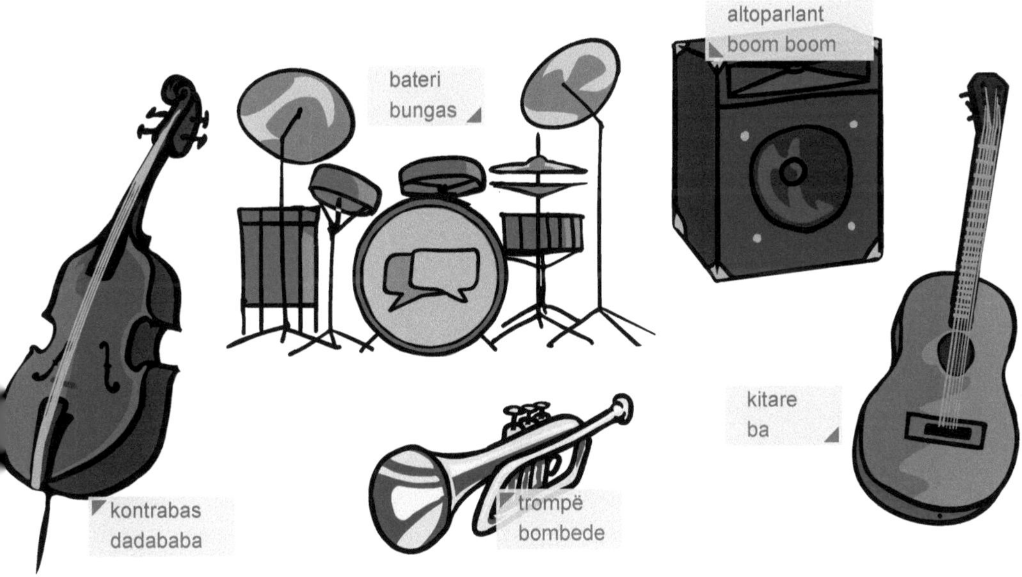

altoparlant
boom boom

bateri
bungas

kontrabas
dadababa

trompë
bombede

kitare
ba

piano
bingbing

violinë
bababa

bas
ba

tamburë
badada

daulle
bunga bunga

tastierë pianoje
badada

saksofon
dadababa

flaut
dadababa

mikrofon
dadadada

kopsht zoologjik
bababa

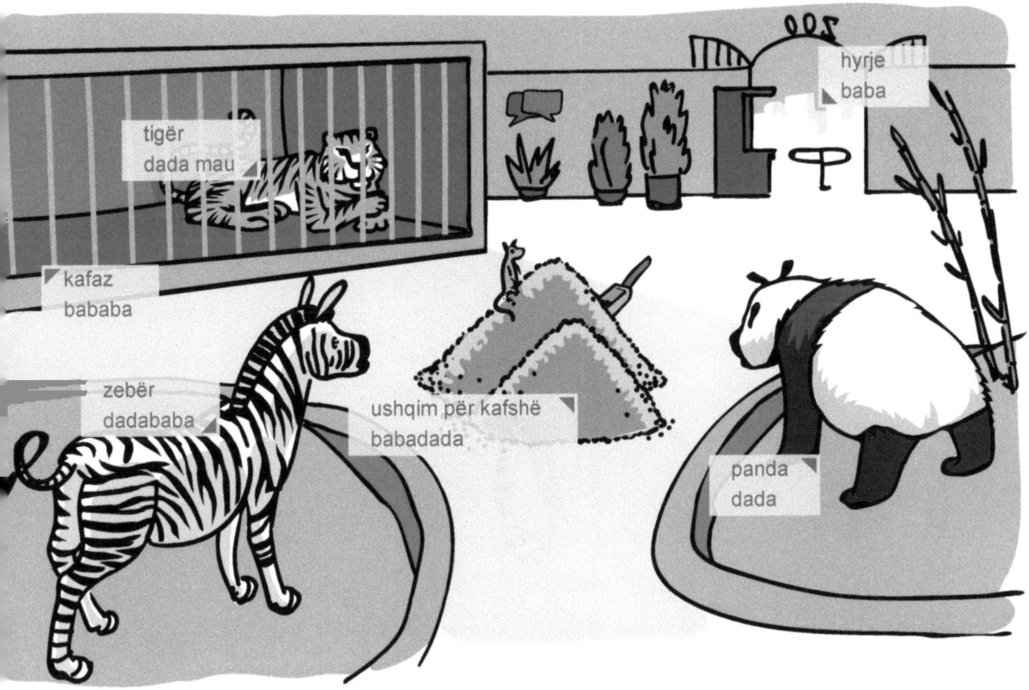

hyrje
baba
tigër
dada mau
kafaz
bababa
zebër
dadababa
ushqim për kafshë
babadada
panda
dada

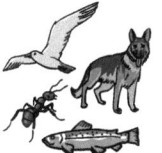

kafshë
....
dadadada

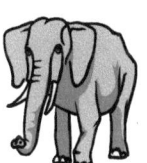

elefant
....
bababa

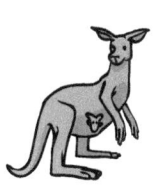

kangur
....
dadaba

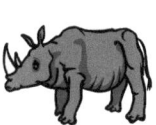

rinoceront
....
babadada

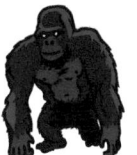

gorillë
....
dada

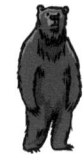

ari
....
babababa

deve

dadaba

struc

gackgack

luan

babadada

majmun

dadaba

flamingo

gackgack

papagall

bababa

ari polar

bababa

pinguin

dada

peshkaqen

bababa

pallua

dadaba

gjarpër

badada

krokodil

babababa

punonjës i kopshtit zoologjik

dadadada

fokë

dada

xhaguar

bababa

poni
ei!

leopard
dadadada

hipopotam
dada

gjirafë
babababa

shqiponjë
bababa

derr i egër
babadada

peshk
nom nom!

breshkë
dadadada

lopë deti
anje

dhelpër
dadadada

gazelë
bababa

futboll amerikan
dadababa

çiklizëm
dadaba

tenis
bum bum

basketboll
ball

not
badada

boks
aua!

hokej mbi akull
baba

futboll
dadadada

badminton
badada

atletikë
dadababa

hendboll
ball

ski
dadadada

polo
baba

aktivitet
dadadada

hidhem
dada
përqafoj
bababa
qesh
baba
eci
dada
këndoj
dadababa
ëndërroj
dadababa
lutem
dadadada
puth
mama!

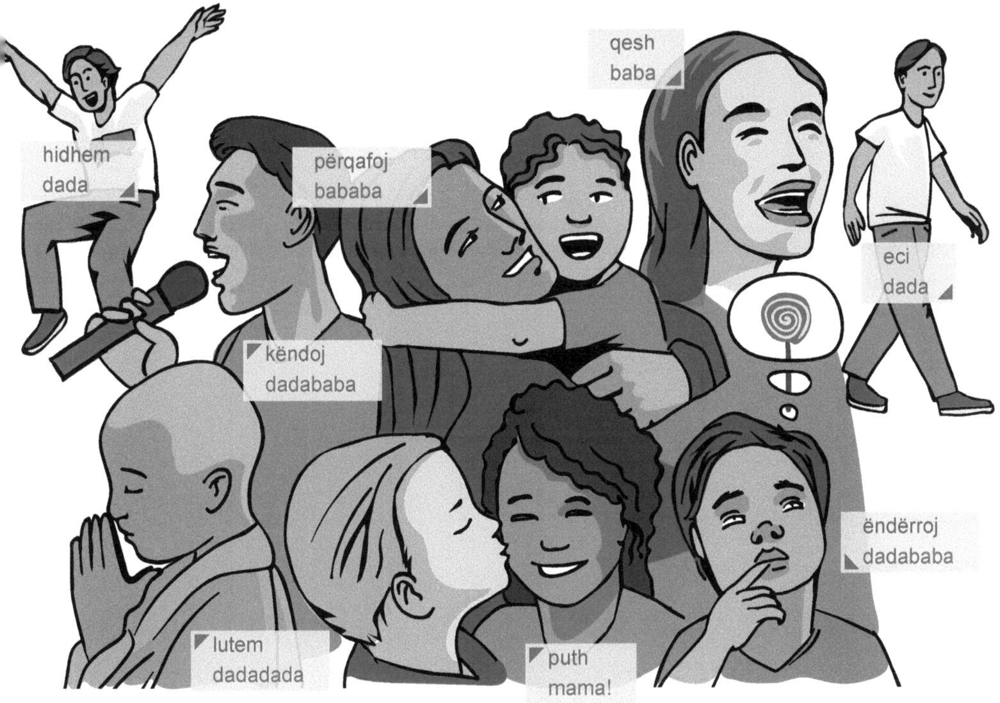

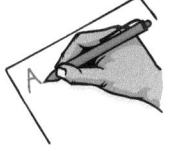

shkruaj
dadaba

vizatoj
dada

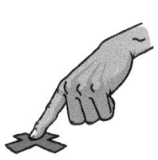

tregoj
dadababa

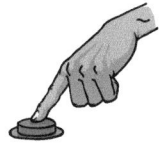

shtyj
dada

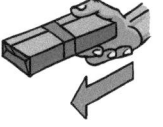

jap
badada

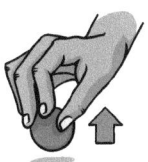

marr
dadaba

kam

dadaba

bëj

dadadada

jam

babadada

qëndroj

dadadada

vrapoj

baba

tërheq

dadababa

hedh

dadadada

bie

dadaba

shtrihem

badada

pres

dadaba

mbaj

bababa

ulem

ba

vishem

dadababa

fle

heia!

zgjohem

bababa

shikoj
babababa

qaj
baaaaaa

përkëdhel
dadadada

kreh
bababa

bisedoj
bababa

kuptoj
baba

kërkoj
badada

dëgjoj
dadababa

pi
bababa

ha
nomnom!

sistemoj
badada

dashuroj
ba

gatuaj
badada

drejtoj makinën
dadababa

fluturoj
dadadada

lundroj

dadababa

llogaris

dadababa

lexoj

dadadada

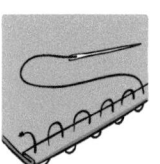

mësoj

dadababa

punoj

dadaba

martohem

baba

qep

dada

laj dhëmbët

aua!

vras

aua!

tymos

dadababa

dërgoj

babababa

familje
dadababa

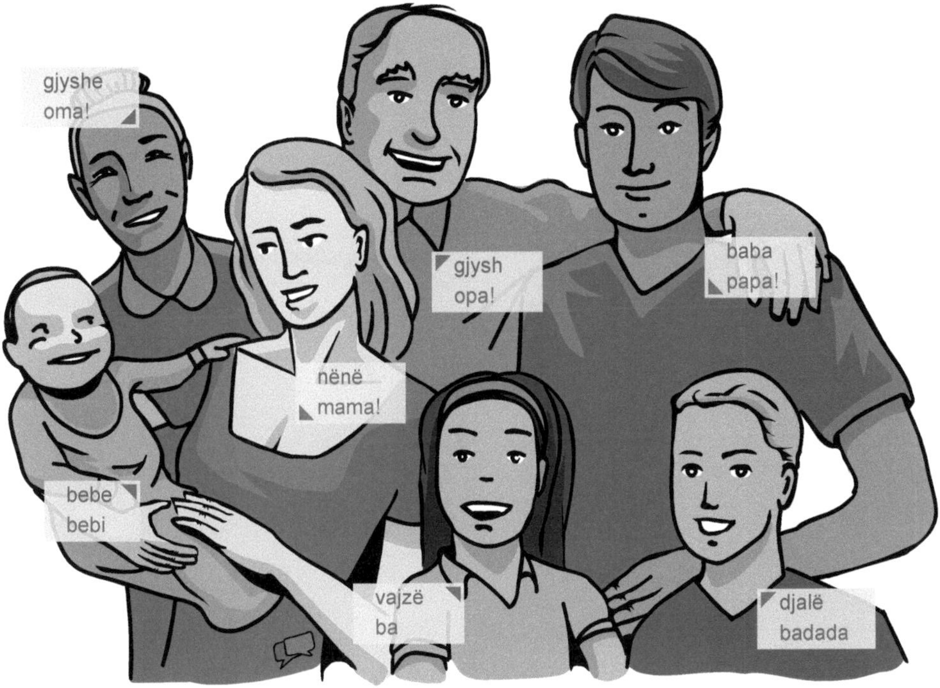
gjyshe
oma!
gjysh
opa!
baba
papa!
nënë
mama!
bebe
bebi
vajzë
ba
djalë
badada

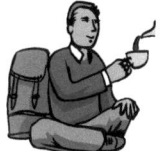

mysafir

baba

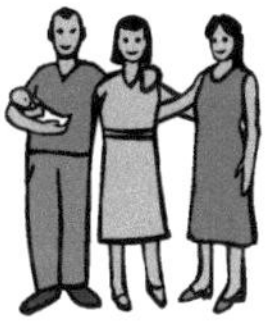

teze, hallë

ba

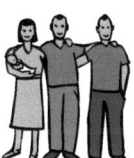

dajë, xhaxha

bababa

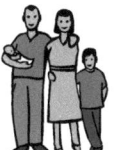

vëlla

nein!

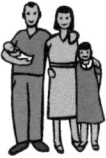

motër

nein!

trupi
dadababa

balli
bababa
syri
dada
shpatulla
bababa
gishti
dada
fytyra
dada
mjekra
dadababa
dora
baba
këmba
dadaba
krahërori
da
krahu
bababa

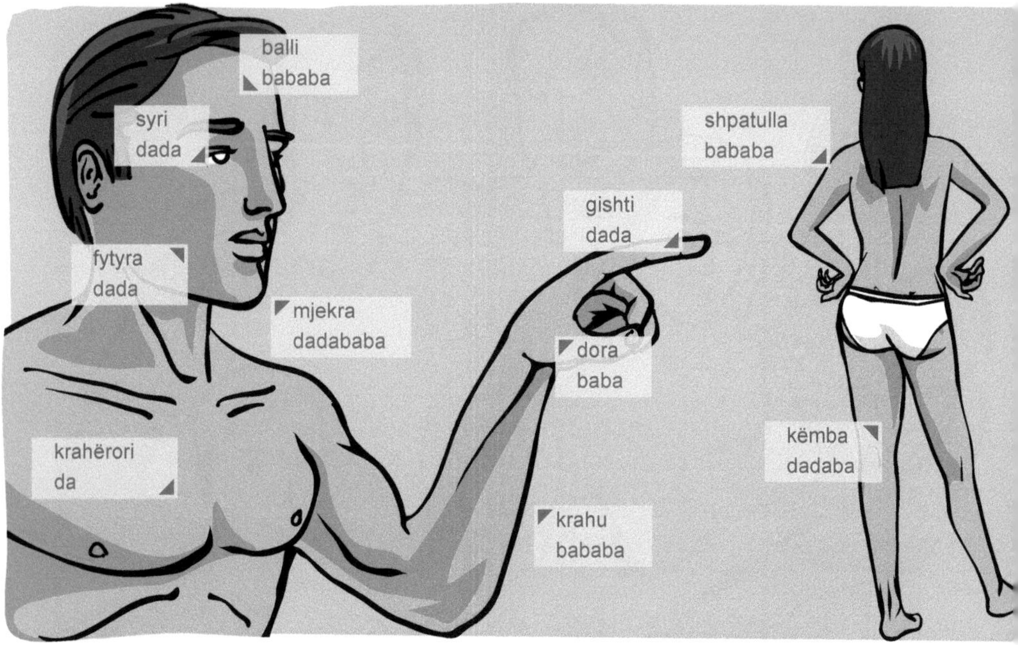

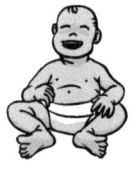

bebe
bebi

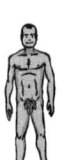

burrë
papa!

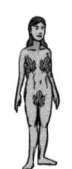

grua
mama

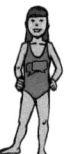

vajzë
baba

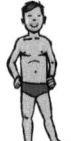

djalë
babadada

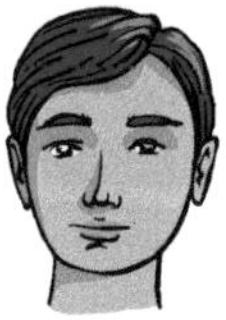

koka
bababa

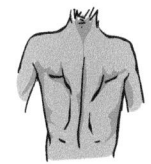

shpina

baba

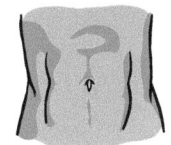

barku

dadababa

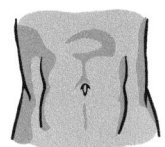

kërthiza

dada

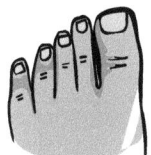

gisht këmbe

dadababa

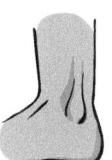

Thembra

ba

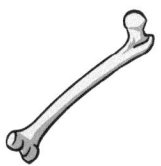

kockë

badada

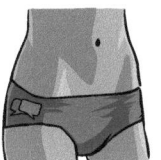

legeni

bababa

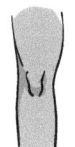

gjuri

dada

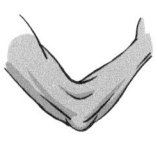

bërryli

dadadada

hunda

bababa

vithe

popo

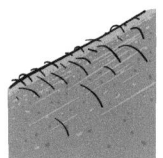

lëkura

dadaba

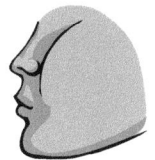

faqja

badada

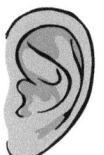

veshi

dada

buza

babababa

goja

dadababa

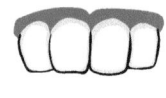

dhëmbët

dadadada

gjuha

baba

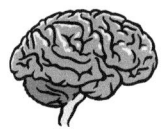

truri

dadadada

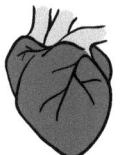

zemra

baba

muskul

dada

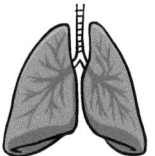

mushkëria

dada

mëlçia

dada

stomaku

dadababa

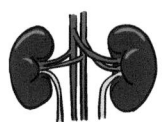

veshka

dadaba

seks

babadada

prezervativ

dada

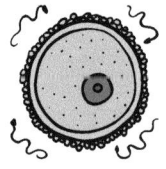

veza

badada

sperma

dadababa

shtatëzani

dadababa

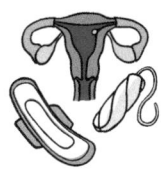

menstruacione
ba

vagina
mumu

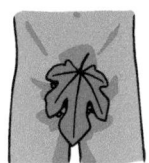

penis
pipi

vetulla
dada

flokët
dadababa

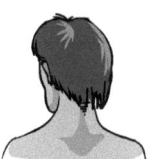

qafa
bababa

spital
aua!

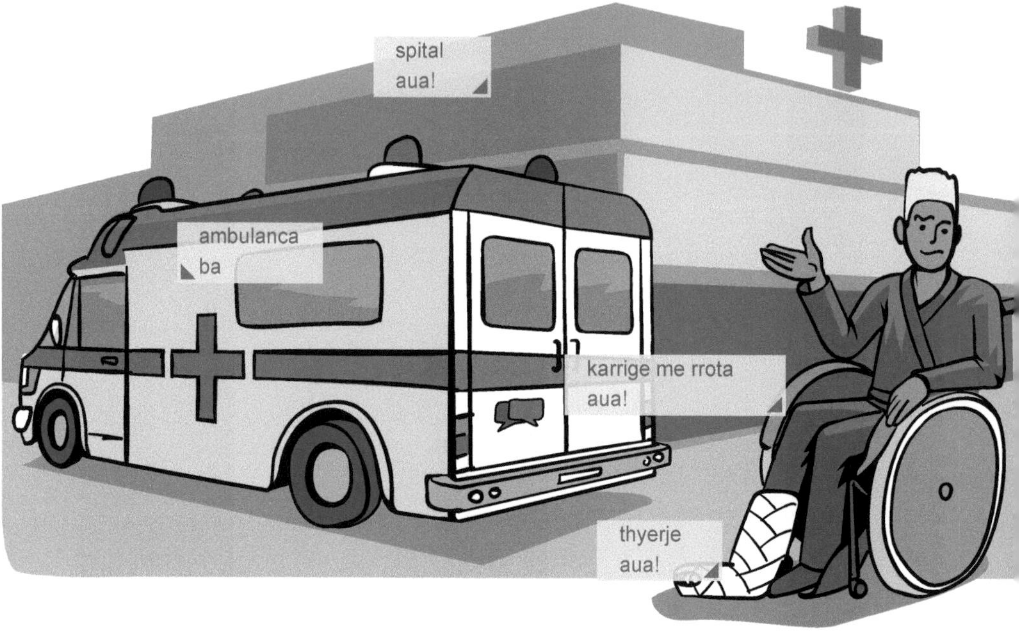

ambulanca
ba

karrige me rrota
aua!

thyerje
aua!

mjek
aua!

sallë urgjencash
aua!

infermiere
aua!

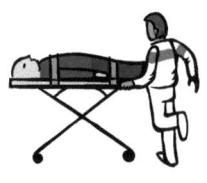

emergjencë
aua!

i pandërgjegjshëm
aua!

dhimbje
dadababa

dëmtim
·················
aua!

gjakosje
·················
dadadada

infarkt
·················
aua!

goditje
·················
aua!

alergji
·················
dadababa

kolla
·················
aua!

ethe
·················
aua!

grip
·················
aua!

diarre
·················
aua!

dhimbje koke
·················
aua!

kancer
·················
aua!

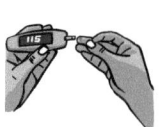

diabet
·················
aua!

kirurg
·················
aua!

bisturi
·················
aua!

operacion
·················
aua!

CT (skaner)

aua!

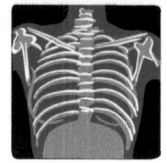

radiografi

aua!

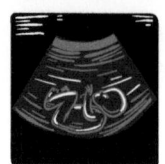

ultratingull

aua!

maskë fytyre

aua!

sëmundje

aua!

dhomë pritjeje

aua!

paterica

aua!

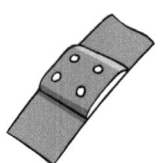

leukoplast

aua!

fasho

dadababa

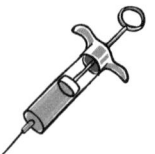

injeksion

aua!

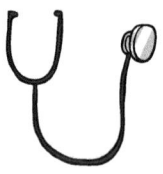

stetoskop

aua!

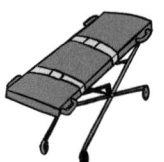

barelë

aua!

termometër

aua!

lindje

aua! bebi!

mbipeshë

aua!

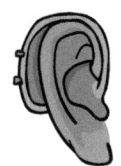

aparat dëgjimi

aua!

dezinfektant

aua!

infeksion

aua!

virus

aua!

HIV / AIDS

aua!

mjekësi, mjekim

aua!

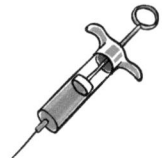

vaksinim

aua!

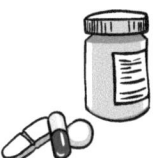

tableta

aua!

pilulë

dadaba

telefonatë emergjence

aua!

aparat tensioni

aua!

i sëmurë / i shëndetshëm

da / ba

Ndihmë!

aua!

alarm

aua!

sulm

aua!

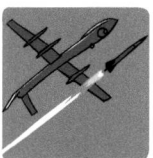

atak

aua!

rrezik

aua!

dalje emergjence

dadadada

Zjarr!

dadaba

fikëse zjarri

dadaba

aksident

aua! aua!

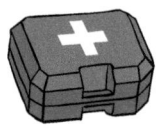

kuti e ndimës së shpejtë

aua!

SOS

baba

policia

dadadada

Europa

badada

Amerika e Veriut

dadaba

Amerika e Jugut

dadababa

Afrika

dadaba

Azia

dadaba

Australia

bababababa

Atlantiku

badada

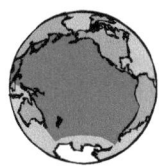

Paqësori

dadaba

Oqeani Indian

baba

Oqeani Antarktik

bababa

Oqeani Arktik

dadababa

Poli i veriut

bababa

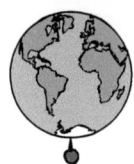

Poli i Jugut

dadababa

Antarktida

dadaba

toka

dada

tokë

dadaba

det

badada

ishull

dadadada

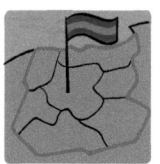

komb

dadadada

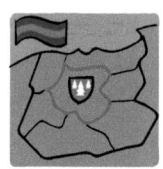

shtet

dadababa

fusha e orës
baba

akrepi i orës
babadada

akrepi i minutave
baba

akrepi i sekondave
bababa

Sa është ora?
dadababa

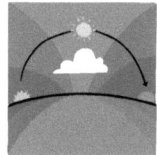

ditë
babadada

kohë
dada

tani
baba

orë dixhitale
dadababa

minutë
dadababa

orë
bababa

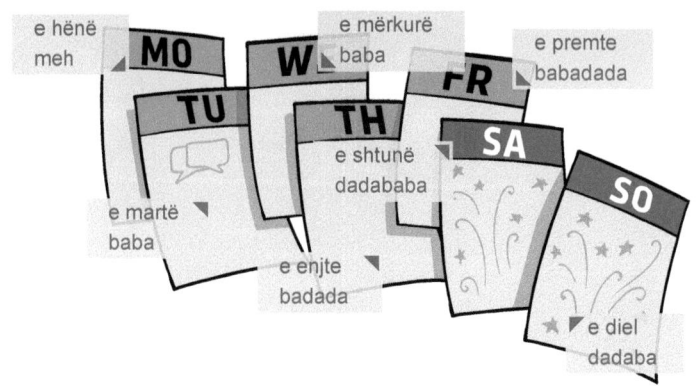

e hënë
meh

e mërkurë
baba

e premte
babadada

e martë
baba

e shtunë
dadababa

e enjte
badada

e diel
dadaba

dje

dadadada

sot

dadababa

nesër

dadaba

mëngjes

baba

mesditë

baba

mbrëmje

dadadada

MO	TU	WE	TH	FR	SA	SU
1	2	3	4	5	6	7
8	9	10	11	12	13	14
15	16	17	18	19	20	21
22	23	24	25	26	27	28
29	30	31	1	2	3	4

ditë pune

dada

MO	TU	WE	TH	FR	SA	SU
1	2	3	4	5	6	7
8	9	10	11	12	13	14
15	16	17	18	19	20	21
22	23	24	25	26	27	28
29	30	31	1	2	3	4

fundjavë

baba

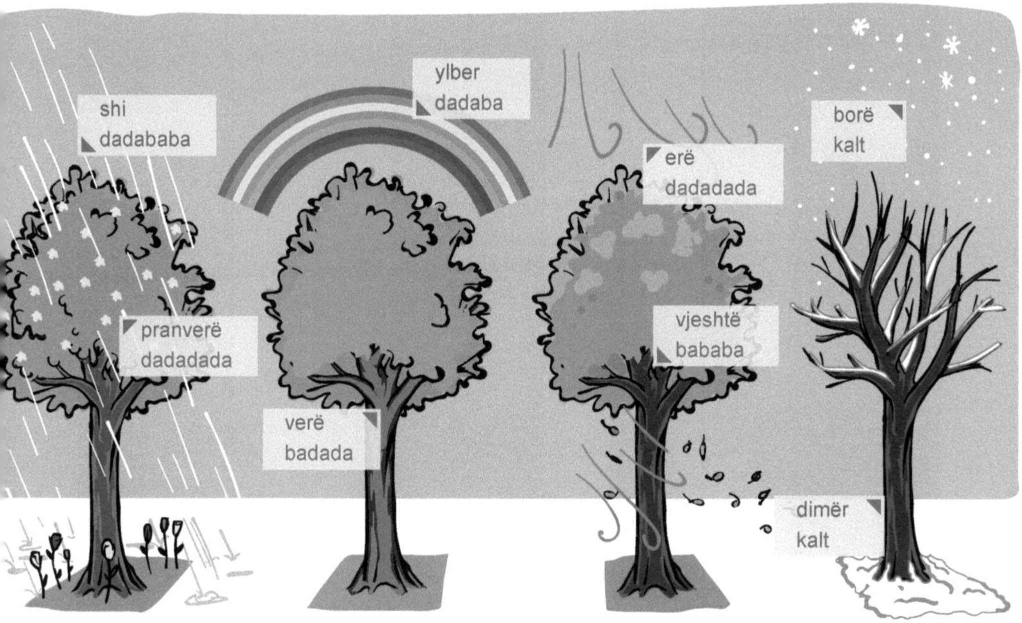

shi
dadababa
ylber
dadaba
erë
dadadada
borë
kalt
pranverë
dadadada
verë
badada
vjeshtë
bababa
dimër
kalt

4.APRIL 11°
5.APRIL 4°
6.APRIL 13°
7.APRIL 8°
8.APRIL 10°

parashikimi i motit

dadababa

F
C
120
90
60
30
0
-30
40
30
20
10
0
-10
-20

termometër

bababa

ndriçim dielli

ba

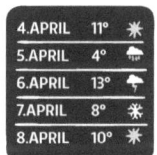

re

baba

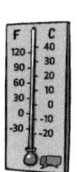

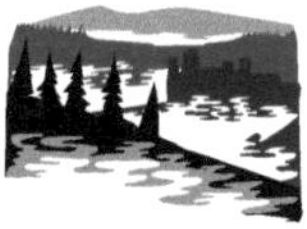

mjegull

dadadada

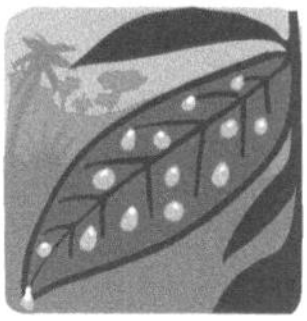

lagështi

dada

vetëtima
....
dadababa

gjëmim
....
dada

stuhi
....
badada

breshër
....
dadababa

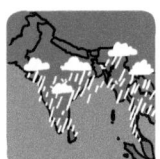

muson
....
bababa

përmbytje
....
dadaba

akull
....
dadadada

janar
....
dadaba

shkurt
....
dadaba

mars
....
bababa

prill
....
dadadada

maj
....
dadadada

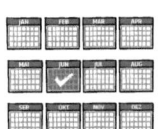

qershor
....
babababa

korrik
....
baba

gusht
....
bababa

vit - dadaba

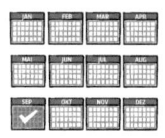

shtator
....
dadadada

tetor
....
badada

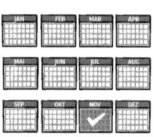

nëntor
....
dadababa

dhjetor
....
baba

forma
dadababa

rreth
....
baba

katror
....
badada

drejtkëndësh
....
dadababa

trekëndësh
....
babababa

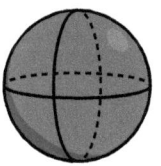

sferë
....
dadadada

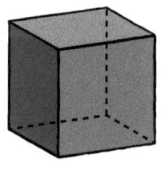

kub
....
babababa

e bardhë
....
dadababa

e verdhë
....
babababa

portokalli
....
baba

rozë
....
dadadada

e kuqe
....
babadada

vjollcë
....
dadababa

blu
....
dadadada

e gjelbër
....
ba

kafe
....
baba

gri
....
bababa

e zezë
....
badada

shumë / pak

da / ba

i nevrikosur / i qetë

da / ba

i bukur / i shëmtuar

da / ba

fillim / fund

da / ba

i madh / i vogël

da / ba

i ndritshëm / i errët

da / ba

vëlla / motër

da / ba

e pastër / e pistë

da / ba

e plotë / jo e plotë

da / bada

ditë / natë

da / ba

gjallë / vdekur

da / ba

i gjerë / i ngushtë

da / ba

i ngrënshëm / i pangrënshëm
da / ba

i keq / i këndshëm
da / ba

i lumtur / i mërzitur
ba / ba

i shëndoshë / i dobët
da / ba

e para / e fundit
ba / ba

mik / armik
da / bada

plot / bosh
da / ba

e fortë / e butë
da / ba

e rëndë / e lehtë
da / ba

uri / etje
da / bada

i sëmurë / i shëndetshëm
da / ba

e paligjshme / e ligjshme
da / ba

i zgjuar / budalla
da / ba

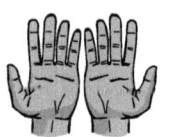

majtas / djathtas
ba / ba

afër / larg
da / ba

e re / e përdorur
....
da / bada

asgjë / diçka
....
da / ba

i moshuar / i ri
....
ba / ba

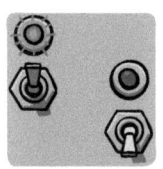

ndezur / fikur
....
da / ba

hapur / mbyllur
....
da / ba

i qetë / i zhurmshëm
....
da / ba

i pasur / i varfër
....
ba / ba

e drejtë / e gabuar
....
da / ba

i ashpër / i butë
....
da / ba

i mërzitur / i lumtur
....
ba / ba

i shkurtër / i gjatë
....
da / ba

ngadalë / shpejt
....
da / ba

i lagësht / i thatë
....
da / bada

ngrohtë / freskët
....
da / bada

luftë / paqe
....
da / ba

0

zero

dada

1

një

a

2

dy

ba

3

tre

da ba da

4

katër

badabada

5

pesë

dadababa

6

gjashtë

dadaba

7

shtatë

badada

8

tetë

dadababa

9

nentë

dadaba

10

dhjetë

dadadada

11

njëmbëdhjetë

badada

12

dymbëdhjetë

baba

13

trembëdhjetë

bababa

14

katërmbëdhjetë

baba

15

pesëmbëdhjetë

babadada

16

gjashtëmbëdhjetë

dadababa

17

shtatëmbëdhjetë

babababa

18

tetëmbëdhjetë

dadababa

19

nentëmbëdhjetë

bababa

20

njëzetë

dadababa

100

qind

baba

1.000

mijë

baba

1.000.000

milion

dadababa

anglisht

baba

anglishte amerikane

babadada

kinezisht mandarin

dadababa

hindi

ba

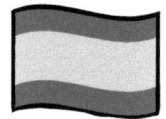

spanjisht

badada

frëngjisht

ohlala

arabisht

babadada

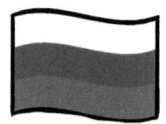

rusisht

dadaba

portugalisht

dada

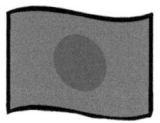

bengalisht

dadadada

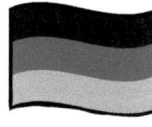

gjermanisht

badada

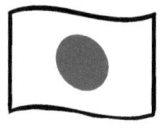

japonisht

dadadada

unë

....

a

ti

....

dadadada

♂ ♀ ○

ai / ajo

....

da / da / da

ne

....

o ba ma

ju

....

babababa

ata

....

baba

kush?

....

dadadada

çfarë?

....

dadadada

si?

....

baba

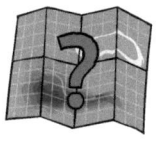

ku?

....

babababa

kur?

....

babadada

emër

....

dadaba

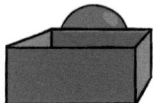

pas

baba

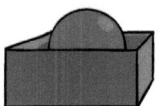

në

dadaba

përballë

baba

sipër

ba

mbi

baba

poshtë

dadababa

pranë

babababa

midis

ba

vend

dada